Nouvel abécédaire

NOUVEL

ABÉCÉDAIRE.

6ᵉ SÉRIE IN-12.

NOUVEL

ABÉCÉDAIRE

DES

PETITS ENFANTS

AVEC GRAVURES

LIMOGES
EUGÈNE ARDANT ET Cie, ÉDITEURS.

Propriété des Éditeurs,

Eugène Ardant et Cie

— 5 —

LETTRES CAPITALES

A B C D E

F G H I J

K L M N O

P Q R S T

U V X Y Z

LETTRES ORDINAIRES

a b c d e

f g h i j

k l m n o

p q r s t

u v x y z

CAPITALES ITALIQUES

A B C D E

F G H I J

K L M N O

P Q R S T

U V X Y Z

LETTRES ITALIQUES

a b c d e

f g h i j

k l m n o

p q r s t

u v x y z

CAPITALES GOTHIQUES

A B C D E
F G H I J
K L M N O
P Q R S T
U V X Y Z

LETTRES GOTHIQUES

a b c d e f g h i
j k l m n o p q
r s t u v x y z

CAPITALES ANGLAISES

A B C D E F G

H I J K L M

N O P Q R S T

U V X Y Z

LETTRES ANGLAISES

a b c d e f g h

i j k l m n o p

q r s t u v x y z

VOYELLES ET CONSONNES.

Il y a deux espèces de lettres, les Voyelles et les Consonnes.

Les voyelles sont des lettres qui peuvent se prononcer sans le secours d'aucun son.

Ce sont :

A E É È Ê
I O U Y

a e é è ê i o u y

Chacune de ces voyelles représente un son.

Les consonnes sont des lettres qui ne se prononcent pas sans le secours des voyelles, c'est-à-dire qu'on ne peut prononcer un son avec une consonne seule.

Ce sont :

B C D F G H J
K L M N P Q R
S T V X Z.

b c d f g h j k
l m n p q r s t
v x z.

ACCENTS.

Les accents sont des signes que l'on place au-dessus des voyelles pour en modifier le son.

Il y a trois accents :
L'accent aigu (´).
L'accent grave (`).
L'accent circonflexe (^).

L'accent aigu se met sur l'E fermé : **RU-SÉ.**

L'accent grave se met sur l'E ouvert : **PÈ-RE.**

L'accent circonflexe se met sur les voyelles longues :

PLÂ-TRE, PRÊ-TRE, ÉPÎ-TRE, MÔ-LE, FLÛ-TE.

a e i *ou* y o u
Ba be bi bo bu
Ca ce ci co cu
Da de di do du
Fa fe fi fo fu
Ga ge gi go gu
Ha he hi ho hu
Ja je ji jo ju
Ka ke ki ko ku
La le li lo lu

Ma me mi mo mu
Na ne ni no nu
Pa pe pi po pu
Qua que qui quo qu
Ra re ri ro ru
Sa se si so su
Ta te ti to tu
Va ve vi vo vu
Xa xe xi xo xu
Za ze zi zo zu

MOTS A ÉPELER.

Pa - pa.   Gâ - teau.
Ma-man. Pain. Lit.
A - mi.   Cou - teau.
Cou-sin.   Pom-me.
Four-neau.   Poi-re.
Chat. Rat. Sou-ris.
Chi - en.   La - pin.
Be-let-te. Bla - ser.
Bal - lon.   Bre - bis.

Bou-le. Cli-mat.
Cro-quet. Fa-got.
Dra-gon. Ru-che
Flam-me. Lu-ne.
Gre-lot. A-me. Lin.
Trom-per. Tou-pie.
Cher-cher. Prin-ce.
Mon-ta-gne. Ci-dre.
Phi-lo-so-phe. Riz.
Thé. Vin. E-toi-le.

LETTRES ACCENTUÉES.

Mè-re. Pè-re. Frè-re. Pâ-té. Pâ-tre. Prê-tre. Fê-te. Tem-pê-te. Grê-le. Maî-tre. Gî-te. A-pô-tre. Au-mô-ne. Flû-te. Bû-che. Is-ra-ël. Mo-ï-se. Ha-ïr. Sa-ül.

CHIFFRES ARABES.

1	**2**	**3**	**4**	**5**
un	deux	trois	quatre	cinq
6	**7**	**8**	**9**	**0**
six	sept	huit	neuf	zéro

CHIFFRES ROMAINS.

I	II	III	IV	V
1	2	3	4	5
VI	VII	VIII	IX	X
6	7	8	9	10

LA PONCTUATION.

Les signes de la Ponctuation ont chacun une valeur particulière. Ils servent à séparer les groupes de mots, formés d'après le sens, qu'on appelle phrases ou membres de phrases.

Ces signes sont :

Le Point (.)
La Virgule (,)
Le Point et Virgule (;)
Les deux Points (:)
Le Point d'interrogation (?)
Le Point d'exclamation (!)

PHRASES A ÉPELER.

Vo-yez le ciel bril-lant d'é-toi-les; la ter-re cou-ver-te de fleurs, de fruits et d'a-ni-maux; c'est Dieu qui a fait tout ce-la; lui seul est tout puis-sant : pour plai-re à Dieu, il faut que cha-cun fas-se ses de-voirs

Le de-voir d'un en-fant est d'o-bé-ir à ses pa-rents, de cher-cher ce qui peut leur plai-re.

Les prê-tres sont les gar-diens et les pré-di-ca-teurs de la mo-ra-le chré-tien-ne.

Les sa-vants nous ex-pli-quent les merveil-les de la na-tu-re; les ar-tis-tes nous en re-pré-sen-tent les beau-tés; le phi-lo-so-phe est ce-lui qui ai-me la sa-ges-se, et qui fait tout pour el-le.

La sa-ges-se de l'en-fant le rend plus ai-ma-ble; il fait a-vec plai-sir ce qu'on lui de-man-de ou ce qu'il doit fai-re.

Les hom-mes sont faits pour s'ai-mer; ils sont en so-cié-té pour se ren-dre ser-vi-ce les uns aux au-tres.

Ce-lui qui ne veut

ê-tre u-ti-le à per-son-ne n'est pas di-gne de vi-vre a-vec les au-tres.

Les mi-li-tai-res dé-fen-dent l'É-tat; les ju-ges font ren-dre à cha-cun ce qui lui est dû; les mar-chands pro-cu-rent tout ce dont on a be-soin; les ou-vri-ers le pré-pa-rent.

La Pou-le est ci-tée par-tout com-me le mo-dè-le de la bon-ne mè-re.

Re-mar-quez a-vec quel-le ten-dres-se el-le ré-chauf-fe ses pous-sins sous ses ai-les; com-me a-vec son bec el-le leur broie pres-que en fa-ri-ne les grains qu'el-le va leur cher-cher; avec quels cris dou-lou-reux el-le les ap-pel-le à l'ap-pro-che de l'o-ra-ge, d'un oi-seau de proie, d'un dan-ger quel-con-que.

La Va-che est la ri-ches-se du grand pro-pri-é-tai-re, com-me le sou-tien du plus pau-vre fer-mier. El-le est bien u-ti-le, puis-qu'el-le nous don-ne le lait, le beur-re, le fro-ma-ge, et que sa chair for-me u-ne a-bon-dan-te nour-ri-tu-re pour l'hom-me.

El-le est so-bre et peu dif-fi-ci-le pour son a-li-men-ta-tion; les her-bes et les plan-tes les plus com-mu-nes lui suf-fi-sent.

Les mou-tons ont qua-tre jam-bes; ils mar-chent.

Les moi-neaux ont deux pat-tes et deux ai-les; ils vo-lent.

Les car-pes n'ont ni jam-bes ni ai-les; el-les ont des na-geoi-res et vi-vent dans l'eau.

Les li-ma-çons se ren-fer-ment dans leur co-quil-le.

Le mou-lin tour-ne; les char-bons brû-lent.

PRIÈRES

—

ORAISON DOMINICALE.

Notre Père, qui êtes aux cieux, que votre nom soit sanctifié, que votre règne arrive, que votre volonté soit faite en la terre comme au ciel; donnez-nous aujourd'hui notre pain de chaque jour, pardonnez-nous nos offenses comme nous les pardonnons à ceux qui nous ont offensés; ne nous laissez pas succomber à la tentation, mais délivrez-nous du mal. Ainsi soit-il.

SALUTATION ANGÉLIQUE.

Je vous salue, Marie, pleine de grâce, le Seigneur est avec vous. Vous êtes bénie entre toutes les femmes, et Jésus, le fruit de vos entrailles, est béni.

Sainte Marie, mère de Dieu, priez pour nous, pauvres pécheurs, maintenant et à l'heure de notre mort. Ainsi soit-il.

ACTE DE FOI.

Mon Dieu, je crois fermement tout ce que vous avez dit et tout ce que vous nous enseignez par votre sainte Eglise, parce que vous êtes souverainement véritable dans vos paroles.

ACTE D'ESPÉRANCE.

Mon Dieu, j'espère fermement de votre miséricorde infinie et de votre fidélité dans vos promesses que, par les mérites de Jésus-Christ, mon Sauveur, vous m'accorderez la gloire du ciel et les moyens nécessaires pour y parvenir.

ACTE DE CHARITÉ.

Mon Dieu, je vous aime de tout mon cœur et par-dessus

toutes choses, parce que vous êtes infiniment bon et infiniment aimable : j'aime aussi mon prochain comme moi-même pour l'amour de vous.

FIN.

Limoges. —Imp. Eugène Ardant et Cie.

www.ingramcontent.com/pod-product-compliance
Lightning Source LLC
Chambersburg PA
CBHW061014050426
42453CB00009B/1433